योगफल

योगफल

(कविताएँ २०११–१८)

अरुण कमल

वाणी प्रकाशन

वाणी प्रकाशन

4695, 21-ए, दरियागंज, नयी दिल्ली 110 002

फ़ोन : +91 11 23273167 फ़ैक्स : +91 11 23275710

शाखाएँ

अशोक राजपथ, पटना 800 004, बिहार

कॉफ़ी हाउस कैम्पस, महात्मा गांधी मार्ग, इलाहाबाद 211 001, उत्तर प्रदेश

महात्मा गांधी अन्तरराष्ट्रीय हिन्दी विश्वविद्यालय, वर्धा 442 001, महाराष्ट्र

www.vaniprakashan.in
marketing@vaniprakashan.in
sales@vaniprakashan.in

YOGPHAL
by Arun Kamal

ISBN : 978-93-88684-73-6
Collection of Poems

प्रथम संस्करण 2019

मूल्य : ₹ 295

सिटी प्रेस, दिल्ली-110 095 में मुद्रित

वाणी प्रकाशन का लोगो मक़बूल फ़िदा हुसेन की कूची से

समर्पित

कविताएँ
(२०११–१८)

●

नीचे धाह ऊपर शीत

अनुक्रम

विनयपत्रिका दीन की, बापु! आप ही बाँचो।
हिये हेरि तुलसी लिखी, सो सुभाय सही करि
बहुरि पूँछिये पाँचो।।

–तुलसीदास

योगफल

कभी कभी मैं उस वज्र की तरह लगना चाहता हूँ
जानना चाहता हूँ क्या कुछ चल रहा है उस मयूर
उस कुक्कुट की देह में इस ब्रह्म मुहूर्त में–
कभी कभी मैं ताड़ का वो पेड़ होना चाहता हूँ
तब तो जानूँगा क्या मतलब इतनी दूर फल लटकाने का–
कभी कभी यह भी इच्छा होती है कि
व्याघ्र या मार्जार बनूँ
कभी भुजंग कभी वक
कभी उल्लू यानी उलूक–
सारे पशु पक्षियों वनस्पति में भटकता फिरूँ
वन वन जल थल नभ
            चौरासी लाख योनियों में
और अन्त में शव–
क्या सोच रहा होगा वह शव इस वक्त जब रात
के डेढ़ बज रहे हैं और सब सो रहे हैं शव–गृह में

लेकिन इस सब के लिए कितना बदलना पड़ेगा मुझे
कितना अपनापा कितना दुलार इन क्षुद्रतम जीवों
इस सृष्टि सम्पूर्ण ब्रह्माण्ड से

और तब कितना होगा मेरा कुल योग बाबा गोरखनाथ
जब अन्न को भी भूख लगेगी पानी को प्यास
तब मेरा योगफल कितना होगा बाबा गोरखनाथ?

भिक्षा दो माँ! भिक्षा!

गुन गाऊँगा

गुन गाऊँगा
फाग के फगुआ के चैत के पहले दिन
के गुन गाऊँगा
गुड़ के लाल पूओं
और चाशनी में इतराते मालपूओं के गुन गाऊँगा
दही में तृप्त उड़दबड़ों
और भुने जीरों
रोमहास से पुलकित कटहल और गुदाज बैंगन के
गुन गाऊँगा
पल पल गोटाती धूप और झाल सी बजती हवाओं के
गुन गाऊँगा
होली में घर लौटते
जन मजूर परिवारों के गुन
चैत के चपल चाँद और चने के होरहा के
भाँग की सान्द्र पत्तियों और मगही पान के नर्म पत्तों
सरौतों सुपारियों के गुन गाऊँगा
जन्म–जन्मान्तर मैं बसन्त के धरती के गुन गाऊँगा–
आओ वसन्तसेना आओ मेरे वक्ष को बेधो
आज रात सारे शस्त्र समर्पित करता
मैं महुए की सुनसान टाप
के गुन गाऊँगा
इसी ठाँव मैं सदा सर्वदा गुन गाऊँगा

सदा आनन्द रहे यही द्वारे!

जीने का नशा

बस जीने के नशे में चूर यह मैदान गंगा के किनारे से उठता
मुहल्ले के घरों झोंपड़ों तक खुलता जाता
पीपल के पेड़ अभी भी ऊपर नीचे कत्थई पत्तियों से विह्वल
बरगद जैसे रोम रोम से वापिस जड़ बनने को आतुर
जीवन–दौड़ को तैयार
और फिरनी, मानों पूरा बदन
फूट पड़ेगा छोटी छोटी लोइयों में
धूप–धाह के लगते
और बार बार छाल गिराते अमरूद इतने चिकने
कि छूते गुदगुदी लगे तलवों को
और बेल पक कर फिर से हरे हो पकते
अपनी ही धुन में
उफ़ इन निम्बुओं ने कैसे बटोरा इतना रस ये गोलाई
और इतने फूल उड़हुल कनेल वैजयन्ती और
नीम
यह कैसा नशा है यह जीने का नशा
मैं तो घूम रहा हूँ नशे में चूर

जानूँ

जैसे एक बड़ी उम्र की स्त्री अपने से बहुत छोटी स्त्री को प्यार
करती है
जैसे सारी स्त्रियाँ मिलकर एक किशोरी की रक्षा करती हैं
मैं ऐसा बाड़ होना चाहता हूँ जो तुम्हें घेर कर रखे
वैसे ही
जिसे एक दिन ढा दें खुद तुम्हारी टहनियाँ शाखें
अपने पहले फूल धरती पर ढारतीं–
जैसे दूर एक बादल के गुजरने को घास जान जाती है
जैसे बाहर हवा चलने को कमरे में खूँटी पर टँगी कमीज
जान जाती है

वैसे ही बहुत दूर
अनेक प्रकाश वर्ष दूर टिमटिमाता
मैं तुम्हें जानूँ

खुदरा

मेरी खरीदारी तो ऐसे ही चलेगी भाई मोरे
सुबह उठूँगा और पुराने पैण्ट को काट कर सिला झोला
हाथ में लिए बाहर निकलूँगा
और गली के मोड़ पर जा खरीदूँगा एक गोल हरी सफेद
प्यारी सी लौकी
जो एक औरत अपनी छानी से उतार
लायी है सुबह सुबह (डंटी से चूता है रस)
और पंसारी की दुकान से शीशी में पाव भर तेल और नमक
एक पुड़िया चाय और चीनी
और उस छोकरे से नींबू लेते
(जो हर शनिवार नींबू–मिर्च का टोटका बेचता है)
किराये की कोठरी में इन्तजार करती
अधेड़ पर सुन्दर पत्नी को सौंप
बगल के घर से आज का अखबार जरा माँग
वापिस तख्त पर बैठ
इन्तजार करूँगा दूध वाले का

शाम भी मेरी इतनी ही रंगीन होती है
जब सैर को निकलता हूँ सैदपुर नाले पर बन ठन के
और चौराहे पर जाकर भूँजा खरीद
जेब में भरे टहलता रहता हूँ नमक चाटता
(वैसा चटकदार नमक राजस्थान में भी नहीं बनता)
और लौटती में एक खास दुकान से थोड़ा मदनानन्द मोदक
खरीद (नगद, क्योंकि यहाँ नगद का दस्तूर है)

अपने पड़ोस वाले साव जी से (जहाँ उधारी चलता है)
चावल दाल उठाते वापिस घर आता हूँ जहाँ पत्नी
लाल मिर्च के अचार का मसाला लगभग बना चुकी है
और पूरा घर उसकी झाँस से जगजगा रहा है–
(दुनिया में इससे मादक गन्ध कोई है क्या)
जो न खींचते बने न छोड़ते
(जो नाक फेफड़े पेट पूरी देह से ली जाती है)

बात ये है भाई मोरे कि मैं खुद एक खुदरा आदमी हूँ
(मोटे लोग थोक होते हैं दुबले खुदरा)
खुदरा जो भिखमंगों के कटोरों में होता है
वही खुदरा रेजकी चिल्लर टूटा
एक खुदरा आदमी जो कविता भी खुदरा ही लिखता है
पर जोहता है बाट विदेशी निवेश का।

तीन क्षण

1.
तूने बड़ी सफाई से छुपा रखे हैं फूल
किसी ने देखा भी नहीं
लेकिन उस गन्ध का तू क्या करेगी साँवरी
जो तेरी नाभि से झर रही है लगातार

जानते हैं सब, फूल किसने चुराए।

2.
न वो गंगा रहीं न वो जल को छूतीं शाखें
न वो निस्पन्दता रेत की न वो रोर नीड़ों में
पर अब भी बैशाख का चाँद वैसा ही है अडिग
वैसी ही चन्द्रिका दूर रेतों पर

एक छाईं बस टूट गयी है जर्जर तन से।

3.
सबने वे प्रण त्याग दिये
सबने वे पथ त्याग दिये
सबने पा ली रात्रिशैय्या
एक तुम्हीं बस रहे भटकते
घनी अँधेरी बारिश में

टूट गिरेगा तड़ित तुम्हीं पर।

मणि–कर्णिका

वह खिड़की मैदान पार सामने खुलती थी रोज रात
लगभग आठ बजे
सातवीं या आठवीं मंजिल पर
और नग–सी रोशनी
ठिठकती थी वहाँ–एक स्त्री
दोनों हाथ खिड़की की चौखट पर रख
खड़ी रहती कुछ देर और फिर शेष वही
मणि–कर्णिका

आज भी आठ बजा
नौ
दस
अन्धकार
सातवीं या आठवीं मंजिल पर
राख।

•

वास

वो घर ढह गया
उजड़ गयी वो बस्ती
अब कोई जानता भी नहीं उसका नाम
फिर क्यों बेचैन हो तुम वहाँ जाने को?
जो उठ रहा है नया नगर वहाँ
वहाँ पहचानेगा कौन तुम्हें?
तुम घुस भी नहीं पाओगे उस दुर्ग में

बस वह घर वह गाँव और वह इमली का पेड़
बसा रहेगा
तुम्हारे हृदय के तट पर अन्त अन्त तक–
तुम लौटोगे हर बार वहीं
हर डूब सुखाड़ हर सफर के बाद वहीं
उसी टूटी छानी वाली भीत से पीठ टिकाने

वे स्मृतियाँ
वे सब जिनका वास है तुम्हारी देह में
तभी तक हैं जब तक यह कच्ची देह है तुम्हारी
घुल जायेगी अगली बरसात में–
हर घर के नीचे कितने ही घरों की मिट्टियाँ हैं।

शहर

कोई शहर जब कोई एक का होता है
तब वो शहर शहर नहीं होता

उतरते हवाई जहाज से देखता हूँ जब
रौशनियों से खचाखच शहर
तब लगता है एक बत्ती मेरे घर
की भी होगी कहीं टिमटिमाती,
और ये शहर मेरा भी है कुछ कुछ
जिसे मैं उतना ही जानता हूँ
जितना खून नसों को

और मुझे फख्र है यह शहर सिर्फ मेरा नहीं
फख्र है यहाँ किसी का हुक्म नहीं चलता
कोई हुक्म दे भी तो कोई माननेवाला नहीं
न फुटपाथों के बाशिन्दे न खोंमचे वाले
न सुबह सुबह खून बेचते पसमान्दा
न गंगा स्नान को जातीं स्त्रियाँ
न रात भर जग कर जवान हुए लड़के लड़कियाँ

शहर कोतवाल अगर खसखसी दाढ़ी लिए
निकल भी आये चौक पर तो कोई पहचानेगा नहीं,
और तो और गलियों के कुत्ते भूँकते–भूँकते
खदेड़ देंगे उसको शहर के बाहर अगर वो झुका भी
ढेला उठाने

मेरा शहर मेरा इन्तजार कर रहा है
खुल रहा है हर दरवाजा किसी को पुकारता
हर दरवाजा एक इन्तजार–
नदी भरी हो या सूखी जानती है मैं आऊँगा
उसके पास हर शाम थक–हार
मेरा शहर।

दुर्दिन के मजे

1.
अब न तो कोई तेरे घर आयेगा
न तुझे कोई बुलायेगा
अपनी ही चारदीवारी में कैद यह घर
तेरे ही पदचाप हर बार दुहरायेगा

चलो अच्छा है ये भी
हर दुर्दिन का अपना मजा है
कुछ तो आराम है थोड़ी सी मोहलत
कुछ तो जूतों को राहत
जल में जल की परछायीं भादों की रात

पैर फैलाओ
खींचो प्रत्यंचा देह की
आत्मा पर काँच के चूर का मंझा
हिलेगा वन उठेगी झंझा

खोल दो दरवाजे खोलो खिड़कियाँ
गिरने दो सारी दीवारें छप्पर
और क्या चाहिए तुम्हें
धरती का खुला वक्ष और तारे

2.

रात हो गयी और कुछ ला भी न सके बाजार से
दो रोटियाँ सब्जी भूल गये पानी भी

देखता हूँ कुछ तो चाहिए उतरता हूँ नीचे तिमंजिले से
लगता है रात बहुत हो गयी चाँदनी है एकटक धूल में

कुत्ते भी बस कुँहर रहे हैं और एकाध पियक्कड़
हवा में ऐसा पानी है कि त्वचा नम पड़ रही है
रोशनी का पल्ला गिरा, कोई थी वहाँ
दूर तक चलता जाता हूँ, बन्द कटरों के पार
उस चमकते मॉल के नीचे से
एक दुकान थी घर से लगी पर वो भी बन्द है शायद
कहीं कोई ढाबा कोई छानी कोई लिट्टी वाला

याद नहीं कितने दिन बाद आज रात मैं निकला
हमेशा तो रात अकेले बिताई रात से ओझल
और रात ने कितने केंचुल उतारे
कितनी धारियाँ धरीं अपने तनों में
आज इस भूख और प्यास ने अहदी देह को बाहर निकाला
बरसों बाद रात की हवाओं ने इतना चाला इतना खँगाला

3.

चार दिन तो काम धाम ऐसे ही बन्द थे दशहरे मुहर्रम में
पाँचवें दिन भारत बन्द था
सो मेरा हाथ खाली था बिल्कुल
सो मैं लगातार चलता गया भीड़ भरे शहर में
और चलते चलते इतने लोग मिले
वो औरत—कभी हम एक ही मकान में थे अगल बगल
पहचान में मुश्किल से आयी
वो मिस्त्री जो उसी बिल्डिंग में काम पर था मेरे साथ

और वो अनाथाश्रम के झुनझुने बजाते किशोर
और वो तीन टाँग वाला खौरा कुत्ता भी दूसरे घूरे पर दिखा

लोग तो तभी मिलते हैं जब तुम बाहर निकलते हो
शहर भी तभी खुलता है जब तुम पाँव–बल चलते हो
तब लगता है चलना भी एक नशा है
जूते उतार कर चलना नंगे पाँव
धरती से सट कर हवा में बँट कर चलना ऐसे कि
तुम एक पाल हवा में

4.
जब लोग बोलना बन्द कर दें
तब तुम आप से बोलो
जब लोग चुप हों घर में बन्द
तब तुम चौक पर जोर से बोलो
जब बन्द हो रसद पानी
तब खोलो देह के अमर कोश

जैसे साँप इन्तजार करता है ग्रीष्म का
जैसे आम्र बाट जोहता वसन्त का
जैसे धान का खेत ताकता है पावस
जैसे नदी में धैर्य है आषाढ़ का
वैसे ही तुम भी रुको और देखो

सबसे कठिन श्रम के पहले शवासन
सबसे कठिन चढ़ाई के पहले शिविर–विश्राम
साँस को कहो कुछ साँस ले
नसों को कहो भरें थोड़ा और भरें
यह तप है तप सूर्य की साधना
देह को कहो यह रहा सूखा तुंबा

5.

जब हार जाओ
जब तुम्हारा कहा कोई न सुने
जब सब तुम्हें छोड़ दें

जब तुम हार जाओ
जब वापिस लौटो
वापिस उन्हीं जर्जर पोथियों पत्रों के पास
सुसुम धूप में फिर से ढूँढ़ो वही शब्द लुप्त
फिर से अपना ही वध करो
फिर से मस्तक को धड़ पर धरो
होने दो नष्ट यह बीज
फूटने दो नये दलपत्र।

घर भी उतनी ही दूर जितना कब्रिस्तान

1.
रुक कर देख लूँ पीछे
कोई पीछा तो नहीं कर रहा
क्यों लगा कोई साँस कन्धे पर
कोई हरकत पुल के नीचे
कोई उस दरख्त के पीछे–
लौट जाऊँ वापस?
लेकिन अब वहाँ हूँ, जहाँ से घर भी उतनी ही दूर
जितना कब्रिस्तान

बत्ती गयी अचानक
अँधेरा, आँख पर दीवार
तारे बेबस
कुछ खिड़कियों में रोशनी उतराती आवाजें
बच्चों के रोने की

क्यों है इतना जान का डर
रोज तो मिलते हैं इतने कुत्ते राह में कुचले
इतनी लाशें लावारिस
इतनी बेवजह मौतें

सोचो मत बस कदम बढ़ाओ
जब पिछली साँसें नहीं गिनीं
तो अब क्या गिनना।

2.
कहाँ जाओगे अब
कौन सी जगह है अब जहाँ तुम्हारा इन्तजार है

यहीं तुम्हारे पहले केश उतरे
यहीं धीरे धीरे गिरे सारे केश
यहाँ की हवा जानती है तुम्हारें फेफड़ों का रास्ता
और रात के आवारा कुत्ते देह की गन्ध

फिर भी कहाँ जाओगे इस शाम
जब बादल हैं इतने पास हवा नम
नदी के जल पर अन्धकार

और तुम कुछ खोज रहे हो
तड़प रही है वो कटी पूँछ अपनी देह को टेरती
भूल गये रस्ते सो गये पक्षी सो रहीं मछलियाँ

धीरे धीरे चढ़ते हो सीढ़ियाँ
जाँघें भारी लगती हैं
ताले में चाभी की एक मरोड़
अँधेरी कोठरी और तुम

दीवार पर सिर टिकाने का निशान

3.
वे पक्षी यहीं आते हैं इसी झील पर जाड़ा आते
हवा मथते
इतनी आवाजों से भर जाता है सारा प्रांतर जल थल
और फिर लौट जाते हैं अचानक
इतना सूना इतना उदास जल मछलियाँ भी खामोश

कहाँ जाओगे तुम इस ठंढ में

यहाँ न धूप है न आग बस एक कोठरी सील भरी
खोजो वो झील वो वन वह सुषुम प्रान्तर
उड़ते चलो दिन रात मीलों पार करते गगन कितने

कहीं तो है वो तुम्हारी भी झील
पर याद रखना व्याधों ने मार डाले कितने ही सारस

4.
वे आँखें तुम भूल नहीं पाओगे
अनाथाश्रम की वे आँखें जल में डूबी
छविहीन
किससे मिलता था उनका चेहरा
किसकी यादें थीं उनके पास–
माँ की देह की गन्ध
गर्भ से बाहर हठात् इतनी ठंढ

अपने देश को जानो देश के अनाथों से
सबसे अच्छा समाज है वो जहाँ सबका एक घर है
परिवार–

वे तुम्हें बुला रहे हैं
जाओ उन्हें सहलाओ गोद में लो कन्धे पर–
उसका चेहरा तुमसे मिल रहा है
उनके चेहरे हम सबसे मिल रहे हैं
हमारे ही खोये हुए अजन्मे मृत
हमारी ही देह की मैल–
हर घर उनका घर।

कोई खून होगा इस रात

1.

मैं उनमें नहीं था जो मारे गये कल रात
उनमें भी नहीं जिनके घर ढाहे गये भरी बरसात
वह स्त्री भी नहीं जिसे नंगे घुमाया गया सरे बाजार
वह किशोर भी नहीं जिसे पुलिस ले गयी नींद से खींचकर
न मेरा काम छूटा न पगार रुकी
न मुझे काम छोड़ भागना पड़ा दूर परदेस से
न मेरा घर डूबा बाढ़ में न खेत पड़े सुखाड़ में
मैं वो भी नहीं जिसकी झोंपड़ी के नीचे खान है यूरेनियम की
और वो गल रहा तिल...तिल कंगाल
मैं कर्ज में डूबा वो विवश गृहस्थ भी नहीं
वो भी नहीं जो घर में बन्द है इसलिए कि
उसकी इकलौती पतलून सूख रही खिड़की पर धूप में
फिर भी मुझे क्यों लग रहा है कि अभी रात है सुनसान
काले बादल भारी अन्धकार
और मेरी साँस घुट रही है छाती पर पत्थर

क्यों लग रहा है कोई खून होगा इस रात

2.

इन्तजार करते करते हम अब मिले हैं
जब थक चुका है जाँगर
और हम दो कपोतों की तरह
एक बन्द खिड़की की सिल पर बैठे गर्दन सहलाते

न तो हम धरती पर विचर सकते निर्भय
न ही उड़ सकते ऊपर
दो भींगे पक्षियों की तरह एक दूसरे से सटे
गिनते रहेंगे एक दूसरे के टूटे दाँत
लो यह भेंट शाम का धुँधलाता प्रकाश
और यह उगता चन्द्रमा फूटता दूध के दाँत सा

3.
सारा कूड़ा कचरा
सड़क पर बहते मलमूत्र
और लगातार मुँह चलाते लोगों को छोड़
अब मुड़ता हूँ भीतर
अपने आँगन की पजी हुई धूप
अपनी कोठरी के सलोने अन्धकार के भीतर

बन्द कर सारी खिड़कियाँ रोशनदान
बन्द कर दोनों दरवाजे बत्तियाँ बुझा
बैठा रहूँगा पाँव पर पाँव धरे
पसीने से पसीजता शरीर लिए
इतना रवादार होगा भीतर अन्धकार
जैसे मेघ घिर आये हों शीश तक

हवा कहीं होगी दूर किसी पीपल के कोटर में गंगा किनारे
या आखिरी नाव की दिपदिपाती लौ में

4.
सबसे गन्दे नाले से भी
निकल सकता है एक बूँद जल शुद्ध
लौट क्यों रहे हो तपस्वी
इस भाँति भृकुटि ताने क्रुद्ध क्रुद्ध

यही है वेणुवन यही निरंजना
यही है गंगा का वो तट बुद्ध का
जरा उकटेरो मिलेंगे वे मार्ग अब भी
न तो मिट्टी बदलती है न पानी
यह जगत मूल की छायाप्रति

5.
अब कहीं नहीं जाऊँगा
सारी सभाओं में एक सी ध्वनि करतल
सारे नगाड़ों में एक ही हवा खोखली
रास्ते तो बहुत हैं पर नदी पार करने को नौका नहीं
हर बार चलकर आता हूँ तट तक
और लौट जाता हूँ वेष्टि सँभालता
पिंड की प्रतीक्षा में बैठे काग
उड़ते हैं फड़ फड़ शीश के ऊपर

मैं हार रहा हूँ पानी बढ़ता जा रहा है
उस पार उस झोंपड़ी में ज्वर से तपता
काँप रहा है मेरा भाई
और मैं पानी खोज रहा हूँ, इस ओर

हँस रहे सब खल खल

एक वृद्ध की रात

फिर भी कुछ तो है
कुछ तो है जो मुझे खड़ा कर रहा है इस उम्र में

न सूरज न चाँद न तारे तड़ित
फिर भी कहीं कौंधता है सर्प मणि
किसी कन्दरा में स्फटिक तड़प
कोई भी समय बिल्कुल अँधेरा नहीं

कुछ तो है
ये हवा जो उठा रही है मुझे बाँह पकड़ कर

मनेसर के मारुति मजदूरों को सलाम
बंगलुरु की दरजिनों को
बिहार की आँगनबाड़ी सेविकाओं को सलाम
महाराष्ट्र के किसानों को सलाम
वो लड़की जो खड़ी है न्यूयॉर्क स्टॉक एक्सचेंज के बाहर
          साँड़ के सामने निडर–
जिसने भी मुट्ठी तानी उसको सलाम
वो अकेला जिसने मजमे में ताली नहीं बजायी
जिसने अन्तिम साँस में हत्यारे को गाली दी
          उसको सलाम
विजय भोज के प्रथम ग्रास की मक्षिका को सलाम

ले चलो बाहर मुझे भादों की अमावस रात
देखने दो गगन
        बिजलियों के हजारों हजार हस्ताक्षर
एक मेरा भी कहीं
        टूटा फूटा दस्तखत
        पत्थर की काली पट्टी पर।

सत्तरवीं वर्षगाँठ पर

जब मैं पैदा हुआ तो भयंकर मारकाट थी
बच गया क्योंकि मेरा टोला शहर से दूर था,
थोड़ा बड़ा हुआ तो सूखा पड़ा अन्ने के लाले
बच गया, घर के आगे कदम्ब था फल भरा,
मसें भींगीं, मन बेपरवाह कि तपेदिक ने घेरा
जी गया फिर भी, अस्पताल थे दवा थी मुफ्त,
पढ़ने शहर आया, बाप गुजर गये रेल हादसे में
कुछ पढ़ गया फिर भी, पढ़ाई तब मुफ्त थी,
काम खोजता चप्पलों से ज्यादा शहर बदलता
आखिर एक काम मिला, सीखा माथा झुकाना,
एक दिन छूटी हुकुम हुजूरी सेवानिवृत्त हुआ
न पेंशन न घर न कोई अलम्ब, अथाह जल,
एक दिन बेटों ने फेंक दिया घूर पर, कहा
अपना ही नहीं पूरता
कोई बाजार ऐसा नहीं जहाँ बिकता बूढ़ा शरीर
सबने कहा, घिघियाओ मत, गा–गाकर माँगो
पर याद था एक ही गीत राष्ट्रगीत राजा भरथरी

अंग अंग पिरा रहा है सारा शरीर जर्जर पुल
बचा हूँ फ़िर भी कुछ भीख कुछ दान पर
सोता हूँ यहीं गाँधी मूर्ति के नीचे चबूतरे पर
हँस रहा सोच कोई कैसे बच रहता है इतने दिन
बस एक साँस पर?

(15 अगस्त, 2016)

अभी तैयार नहीं

अभी ठीक से खेत कोड़ा भी नहीं
अभी ठीक से मिट्टी बराबर भी नहीं की
अभी ठीक से रोपनी भी नहीं हुई,
अभी ठीक से पटाया भी नहीं
अभी ठीक से पौधा उठा भी नहीं
अभी ठीक से बालियाँ भी नहीं फूटीं
अभी ठीक से दाने पके भी नहीं
अभी ठीक से कटनी भी नहीं हुई
अभी ठीक से दौनी भी नहीं हुई
अभी ठीक से ओसाई भी नहीं
अभी ठीक से दाने चाले भी नहीं गये
अभी तो दाने बटोरे भी नहीं कि
द्वार पर आकर खड़े हैं
वसूली वाले

नहीं महाराज नहीं अभी तैयार नहीं।

कबूल

हे कवि हे गाथाकार
तुम्हारी चौखट पर माथा टेकता
कबूल करता हूँ निःसंकोच
कि मैंने कभी प्रेम नहीं किया
जाना ही नहीं

न निर्वात न झंझावात
न कभी किसी उड़ते पक्षी के पंखों की हवा हठात्
आनन पर
मेरे लिए दिन
दिन रहा और रात
रात
न गोधूलि न प्रात

भाग्यवान हैं वे जिनने प्रेम किया
उनसे भी अधिक वे जिन्हें प्रेम मिला
पर सबसे भाग्यवान हैं वे जिनके प्रेम के गीत
गाये गये
और महान है वो जिसने गाये प्रेम के गीत

आज इस शिशिर की प्रात
तुम्हारी चौखट पर माथा टेकता एक बार फिर
कबूल करता हूँ कि मैंने कभी जाना नहीं प्रेम
पर जगता रहा रात रात तुम्हारी गाथा पढ़ कर

अँधेरी सुनसान गलियों के काटता चक्कर
जैसे चक्रवात की टूटी हवा
अपनी ही देह की लपटों में नाचता।

(नड़ियाद, गुजरात : गोवर्धनराम त्रिपाठी के घर)

अर्घ्य

मेरा जलपात्र टूट गया प्रभु
मिट्टी का जलपात्र
अपने ही जल के खारेपन से ध्वस्त
अपने ही रन्ध्रों के सन्ताप से
मेरा जलपात्र

और अब दोनों अँजुरियों में लाया हूँ जल
सुवर्णरेखा से धारोष्ण
खोलो कपाट प्रभु आने दो अन्दर
खिर रहा है जल अँजुरियों के पोरों से

टूटने दो सारे जलपात्र
रिसने दो जल
देखो उधर
भरा है बादलों से नभ
भरी है पूरी पृथ्वी जल से
यह पृथ्वी भी तो जलपात्र है प्रभु का
मिट्टी का सकोरा

मैं भी तो तुम्हारा ही जलपात्र हूँ प्रभु
मेरी देह एक भाप
लो स्वीकार करो यह अर्घ्य–
जल
यह शब्द–जल!

(घाटशिला : विभूतिभूषण बन्द्योपाध्याय के घर।
रिल्के के प्रति आभार सहित)

अपने लिए

वह सबसे ठण्डा दिन था
जब माँ गुजरी
और सबसे तपते दिन को पिता–
अपने लिए चुना है वसन्त मैंने
जब खिलते हैं पहाड़ों में बुराँश
और वन में पलाश
सरसों मैदानों में

अब कोई तृष्णा नहीं
यह तन्वंगी हवा और मंझादार धूप
उतार ले देह–पात्र
            धरती के चाक से

अन्तिम युद्ध

अभी जब इतनी तेज बारिश हो रही है
तब मैं उन लोगों के बारे में सोच रहा हूँ
जो अपने डूबे घरों की छप्पर पर बैठे हैं
और पानी चढ़ता जा रहा है

ऐसा भी होता है जब
पानी तुम्हें घेर लेता है
जब जलते घर में दिखता नहीं द्वार
कहीं बचता नहीं निकास का लाल निशान
ऐसा भी होता है जब देह
लड़ती है अन्तिम युद्ध अकेले साँस साँस
जन परिजन सब हाथ बाँध खड़े निष्पक्ष।

चाह

मुझे देखने दो थोड़ा सा आसमान
और कुछ बादल
और एक चाँद
लगने दो मेरी देह में हवा
मेरे रोंयें फहरने दो
लगता है बची है साँस
देखने दो गंगा प्रवाह धारे हजारों नद नदियों का जल
लगता है जगह है सबके लिए पृथ्वी पर
बोलने दो मुझे जब तेज अन्धड़ हो तूफान
तड़ित की बर्छियाँ
बैठने दो सटकर भादों चौठ का चाँद देखते
लगता है जीवन बचा है शेष है आयु
इतनी धूप इतनी हवा जल इतना
मुझे जोर की भूख लग रही है
कहाँ से उठ रही है पिसते आटे की लहर?

कवि थे

कवि थे वे जो नैन खोलते ही निहारते
नन्दादेवी के शिखर हिममण्डित
कवि थे वे जिनके लिए था शोभित
नौ कुक्षियों के मध्य जल–मणि नभ का बिम्ब गहे
कवि थे वे जिनके रक्त में देवदारु की हवा थी
और सात समुद्रों का लवण
कवि थे वे जो सांसद पार्षद श्रेष्ठिजनों के संग
सन्ध्या बिताते
वे इतने स्वच्छ थे पवित्र जैसे आसवित जल

कूड़े के ढेर से गुजरते आज मैं यही सोचता टहल रहा था
कि पीछे से तेज फटफटिया ने कोंचा–हट बे पागल!
काफिला आ रहा था सी.एम. का लाल पीला–

कवि थे।

उन कवियों की स्मृति में

वह कौन कवि है जिसे प्रिय है धतूरे का फूल दुन्दुभि
कौन वह देव जिसे प्रिय फल धतूरे का

कौन वह कवि जो खड़ा रहा रात भर हरसिंगार तले
देखने कि कब गिरे पहला फूल वृन्त से खुल
कैसे चम्पई रंग लग जाता पंखुडी से
सुफेद उजला या धवल दूधिया या चाँद के रंग से
कितना कच्चा है फूलों का रंग ओस–श्लथ

किसने लोढ़े इतने तरह के फूल ढेर
और फिर गारा उन्हें बूँद भर इत्र में
और एक पूरी कथा बन गयी कविता
की एक पंक्ति

कितनी दुनिया देखी उसने कितनी तरह से
ज्यों मेले में घोड़े का ग्राहक
और देखी अपनी ही देह कितने मोड़ों से
एक देह जो प्रतिध्वनि है कितनी देहों की
अपनी ही कन्दराओं से टकराकर आती
अपने ही मरकत समुद्र की कौंध
किसी भी पेड़ से ज्यादा अजूबा इस देह की बाढ़
और एक दिन खड़े खड़े सूख पड़ना फल फूल भरे
सारा जल उतरता मिट्टी में वापस द्रुत
यह देह एक मेला यह देह जहाँ कभी लगता था मेला

वो पीढ़ी ही वैसी थी अलग विलग जिसे याद रहा
अँधेरी काँखों में केश का पहला स्फुरण
और एक ही देह के दस गन्ध
'कि पीपल के पत्ते अभी भी इतने मुलायम थे कि उनसे
सीटियाँ बन सकती थीं'
जिसने रात को देखा इलाहाबाद की सड़कों पर
गलियों कुक्षियों में जाग्रत रात्रि
गर्भ–गृह की धूम्र रात्रि
बाँहों वक्षों पर ओस–भरे माथों के दाब
इतना सुनसान गली की मोड़ पर डूबता चाँद
धूल पर गौओं के खुर परछायीं भरे
और गिरजों के घण्टों के अन्दर सोयी हवा–

जिसने प्रेम भी ऐसे किया जैसे कोई शहद का छत्ता ओठों से
चूसे
धारोष्ण
ऐसी मिठास ऐसा डंक ऐसा मोम
जिसने उगाये हथेलियों पर यवांकुर
और चुरा लायी देवलोक से सोम वल्लरी

अभी भी हैं वे रसवती स्त्रियाँ पुरुष रसिक
इस देह–दुग्ध का मावा संघनित
वे फल विष भरे पक कर डहकते
वे फल धतूरे के काँटे और गरल भरे मादक धूप में।

(दूधनाथ सिंह की स्मृति को समर्पित)

स्थायी पता

(चन्द्रकान्त देवताले की स्मृति में)

झण्डा आधा झुका है
धरती के बहुत पास–
कोई स्त्री सदियों से पछींट रही है कपड़े
        बहते जल में खड़े खड़े
और भूखण्ड तप रहा है

हवा अडिग पेड़ साँस रोके एक पैर पर
नभ पंखहीन
मैदान अकेला पथ सुनसान
और खाली पत्थर की बेंच
घुल रहा मैले जल में आधा चाँद

अकेला बैठा हूँ मेज की इस ओर
खाली है उधर की आरामकुर्सी
क्या कहा डॉक्टर ने कुछ मना तो नहीं

जिन्दगी न हिदायत से चलती है न हुक्म से
हर कविता एक अपवाद है नियम से विचलन
जहाँ खत्म होता है उच्च पथ वहीं से फूटता है कच्चा रास्ता
पर्वतों समुद्रों को

अन्तिम रास्ता एक पगडण्डी
वही एक धूसर पगडण्डी शिप्रा उज्जयिनी

तुम्हारा पता पूछ रहा है दुनिया का सबसे गरीब आदमी
एक कवि का स्थायी पता है उसकी कविता
अन्तिम निवास

अभिनन्दन पत्र

मैं उस कवि की वन्दना करता हूँ
जिसने दिखलाये तलहटीवासियों को शंखमुखी शिखर
जिसने छुआ प्रथम बार चीड़ में छुपा चन्द्र शश
और देवदारु की अँधेरी तह में निद्रालु हवा
और धूप में पर्वतों की ढाल पर चमकते
            जल–स्रोतों के पथ–चिह्न भुजंगी–
मैं उस द्रष्टा की वन्दना करता हूँ।

जिसकी कविता में भाषा की भवों, उँगलियों, अंगों की
            सहस्र मुद्राएँ हैं
और जीवन के कोहबर में बोली की अनुपम लीलाएँ
जिसकी कविता जीवन के सात रंगों की धन्वा है नभ में प्रशस्त
बुराँश के लाल फूलों से भटकैया के नीले बूटों तक
जिसका काव्य जीवन की कठोर शिलाओं के फूटता रस है
शिलाजीत जीवन का–
मैं उस नियन्ता की वन्दना करता हूँ।

जो कमर झुकाये शीश उठाये जीवनवाही जन का
सच्चा हितू और सुख–अभिलाषी है
मैं उस कवि की, वाणी के अद्भुत लुहार की
स्तुति करता हूँ।

ओ गिरिवर–गिरा के स्थपति
ओ मेरे सुहृद सखा मेरे अग्रज

जिसके कानों पर शोभित हैं
संस्कृत काव्य के हरित यवांकुर–

मैं तुम्हारी वन्दना करता हूँ!

(लीलाधर जगूड़ी को समर्पित)

अनुवादक की खोज में एक कविता

वह कविता एक जगह पड़े पड़े थक गयी थी
एक ही घर में पाँव मोड़ बैठे बैठे
उस औरत की तरह जो कभी अपने आँगन से बाहर नहीं
निकली
उसे लग रहा था जैसे वह मधुमक्खी हो
और कहीं भी फूल न हों

तब एक अनुवादक मिला, बोला
तुम्हें ले चलूँगा सात समन्दर पार
और वह कविता दूसरे घर में गयी
अपने को आईने में देखा, तमक कर बोली
यह मैं तो नहीं?
कितनी दुबली लग रही हूँ
और मेरी आँखें देख तो बहुत रही हैं
पर परदे पर कोई बिम्ब नहीं उठता

वह बहुत से घरों में गयी
और हर बार हार कर अपने ही घर में लौट आती–
कोई भी तस्वीर मेरे जैसी नहीं
        कितना कम मैं

तब वह घर बोला–
कभी सोचा कि तुम भी कितना कम जीवन हो
कितना अधूरा अनुवाद जीवन का?

कामरेड पानसरे के लिए

पिछले साल हम साथ थे नासिक में
शाइर अन्नाभाऊ साठे की याद में
उत्तम कांबले भी थे और ताई भी
और हम साथ गये एक दूर गाँव में
जहाँ कुछ साथी चला रहे थे पाठशाला
और सहकारी जीवन
और सड़क किनारे ढाबे में
हमने खायी थी साग रोटी

कामरेड इस साल हम नहीं मिलेंगे
फिर भी हर साल हम साथ सब साथ होंगे
वे मजदूर वे डब्बा वाले
वे घरों में काम करती बाई
वे लेखक कलाकार अध्यापक विद्यार्थी
जिन्दगी की हर राह के हर टौल का
हम विरोध करेंगे–
हम चाहते हैं सीधी साफ सुथरी खुली सड़क
हम चाहते हैं खुला दिमाग
हमें पसन्द हैं सवाल और लम्बी बहसें–
अगर हम अब भी चुप रहे तो फिर कभी
बोल नहीं पायेंगे साथी
उनका निशाना मेरा माथा है मेरा उन्नत सोचता ललाट

हम उन कायरों हत्यारों को जानते हैं
पूरा देश जानता है कामरेड–
पर हत्यारे हैं दो
और हम दो सौ करोड़।

प्रगतिशील लेखक संघ के ऐलबम से

1. एकता

शाइर अन्नाभाऊ साठे के जन्मशती कार्यक्रम में
दोपहर का भोज घरों में काम करने वाली बाइयों ने दिया
खुद अपने मेहनताने से पैसे जमा कर
खुद रोटियाँ सेंक कर गर्म गर्म
साथ में आम का अचार और रवे का हलवा

इस तरह एक बार फिर एकता बनी
कामगारों कलमकारों की
महाराष्ट्र के नासिक में उस दोपहर।

2. भीष्म जी ने दरी बिछा ली

जबलपुर के उस कॉलेज के एक हॉल में
जहाँ दिन में कक्षाएँ चली होंगी
मैंने देखा भीष्म जी ने दरी बिछा ली
और चादर दुहरा कर
पेटी को तकिया बना लेट गये
बगल में पैर मोड़े गुलाम रब्बानी ताबाँ।

3. आये थे यदुनन्दन रसिक भी

चार दिन के लिए समस्तीपुर स्टेशन के सामने
वाली घड़ी मरम्मत की दुकान बन्द कर
आये थे कवि यदुनन्दन रसिक भी–
रोज बोना रोज काटना ऐसा काम था उनका

फिर भी मन नहीं माना गाड़ी पकड़ी और
पहुँच गये बेगूसराय एक दोस्त के साथ जो
बीड़ी बनाते थे, उर्दू में शायरी करते और
सदस्य थे प्रलेस के–
हैरत हुई मेरे को कि उस कमरे में जो भी ठहरे थे
उनमें से कोई भी नहीं था शुद्ध कवि।

4. नसीम पेण्टर नहीं रहे

बीमार तो बरसों से थे
फिर भी जब सुना नहीं रहे नसीम पेण्टर
तो धक्का लगा
कहते रहे किसी रोज कूची पकड़े गिर पड़ूँगा
बाँस के बल्ले से आँवला हेयर ऑयल का होर्डिंग रँगते

आखिरी दम तक लगे रहे कि चित्रकारों कलाकारों की भी
यूनियन बने और इसी आस में प्रलेस में आते रहे
सब काम छोड़कर
राँची में सबसे अच्छे कलाकन्द भी उन्हीं ने खिलाये थे
और घुमाते रहे अपनी टुटही फटफटिया पर पूरा शहर

नसीम पेण्टर ऐसे समय हुए जब टूटना रोजमर्रे की बात थी
जुड़ना और जोड़ना सबसे मुश्किल

कभी नहीं भूले होर्डिंग में नीचे दायीं तरफ़ टाँकना–
नसीम पेण्टर–
जो काम दूसरे के कहने पर किया जाता है
वह भी तो काम ही है मजदूर का।

5. लेखकों ने जुलूस निकाला

शहीद भगत सिंह चौक पर दिन के ग्यारह बजे सब जमा होंगे
और आकाशवाणी डाक बंगला बन्दर बगीचा बुद्ध मार्ग होते
सचिवालय गोलम्बर तक जायेंगे–

देश भर के खदान मजदूरों की हड़ताल के समर्थन और
उन पर दमन के विरोध में लेखकों की सभा और जुलूस–
खबर हो गयी सबको कानों कान
और जमा हुए लगभग डेढ़ सौ लेखक कलाकार
आगे खगेन्द्र जी कन्हैया जी और नवल जी भी छाता लिए
एक ऐसा जुलूस जिसकी अपने लिए कोई माँग न थी
एक ऐसा जुलूस जो अन्तःचेतना की पुकार था
लेखकों का मजदूरों के लिए जेठ की धूप में सड़क पर उतरना
जैसे बालकृष्ण भट्ट लखनऊ में सन् उन्नीस सौ आठ
तिलक का जमाना।

6. नेतृत्व कौन करेगा

तीनों नेता कहवा घर में मिले और पूछा
नेतृत्व कौन करेगा
तीनों ने तै किया पूछा जाय सबसे कमजोर जन से
जो उन्हें मिल गया सडक किनारे भीख माँगता,
तीनों ने पूछा, साथी, नेतृत्व कौन करेगा?
वह बोला,
जो सबसे पहले मरेगा।

7. गोष्ठी में बहस

सवाल इसका नहीं कि वहाँ जायें कि नहीं
सवाल ये है कि वहाँ जो भिन्न हैं उनके लिए जगह भी है या
नहीं
इस महान लोकतन्त्र में

आज वो बुला रहे है और तुम वही बोल रहे हो जो बोलना
चाहते हो
कल वो कहेंगे वही बोलो जो हम बोलें
परसों कहेंगे हम जो बोलें वो सुनो
तरसों बुलाना बन्द कर देंगे
और पाँचवें दिन देश निकाला।

हम चाहते हैं इस देश में जगह हो सबके लिए
सबको लेकर बनती है दुनिया
हम चाहते हैं कोई भी दरवाजा किसी के लिए बन्द न हो
हम चाहते हैं कि हर व्यक्ति वही बोले जो उसकी आत्मा कहे
प्रतिबन्ध हत्या है
सत्ता डरती है श्रेष्ठ साहित्य से
जो सत्ता का विपक्ष नहीं वो हमारा लेखक नहीं
हर लिखने वाले से पूछो कितना पाया खोया कितना
पूछो कितनी बार तुम्हारी किताबें जलायी गयीं
पूछो कितनी बार तुम्हारे घर पर हमला हुआ
पूछो तुम कितनी बार गिरफ्तार हुए
पूछो कितनी बार तुम्हें धमकी मिली–
साथियो यह न भूलो कि जो कवि अभी चाय पी रहा है
बरामदे में बैठा
वो कल मारा जा सकता है
बेवजह
क्योंकि इससे हवा बनती है
एक अकारण हत्या इस सत्ता के होने का कारण है–
साथियो, अपने साथियों को बचाओ
साथियो, हम सब इस पृथ्वी के सबसे भंगुर प्राणी हैं
बरसात के इन्द्रगोप
लोगों को मारने के पहले वे लेखकों को मारते हैं।

8. संसद में आमन्त्रण

प्रिय मित्रो, आप जरा भी परेशान न हों
आप में से किसी का नाम वहाँ नहीं है
न तो संसद बुलायेगी आपको काव्य पाठ के लिए
न राष्ट्र का प्रधान रात्रि भोज पर
मरने पर ग्यारह बन्दूकों की सलामी भी आपको नसीब नहीं
आपको भले गलतफहमी हो
किन्तु इस देश की सत्ता को कोई गलतफहमी नहीं

तुम्हारी जगह बाहर है साथियो बाहर
तुम्हारी जगह उन लोगों के पास है साथियो
जिनके लिए कहीं कोई जगह नहीं।

9. चलो पीते हैं चाय

चलो पीते हैं चाय, राजेश को बुलाते हैं
मंगलेश को, विष्णु नागर को विजय को भी पुकार लो
सबको पुकारो, जो नहीं पीते उनको भी, शकील वीरेन्द्र यादव
जगाओ नीलेश को, श्योराज भी तो यहीं होंगे
अरे यार यही तो सही वक्त है चाय का
रात है चाँद है ढलता हुआ हवा तेज
हत्यारे घूमते फौज की गश्त दरवाजे बन्द
बत्तियाँ गुल साँसें धौंकतीं

उठो उठो मेरे दोस्त
वहाँ एक चूल्हा जल रहा है कोने में
गली के मुँह पर
एक बहुत बूढ़ी माँ वहाँ बैठी है देग में चाय उबालती
ये कैसी बेचैन भाप है जो बुला रही है–
चलो चाय पीते हैं आज इस रात के तीसरे पहर
अरे सब आ रहे हैं, ज्ञान जी आ रहे हैं इस ठण्ड में
कमाण्डर, देखो सब आ रहे हैं, अरे साथी गदर भी–

चलो चाय पीते हैं आज रात सबकी रात सबको पुकारो

केदार जी, चाय का पहला उल्लेख किस कवि में मिलता है
त्रिलोचन शास्त्री से पूछेंगे चलो अभी चाय पीते हैं

(सुबह की पहली खबर : सरकार ने चाय पर रोक लगायी)

10. एक बातचीत

क्या लगता है हम एक भी सीट जीतेंगे साथी?
ना, लगता तो नहीं।
लेकिन इतने गरीब लोग, मजदूर किसान?
सब हमारा साथ लेंगे पर साथ नहीं देंगे।
ऐसा?
जिसके सिरहाने मैं रात भर जगा माथे की पट्टियाँ बदलता
वो सुबह पहचानेगा नहीं?
जिसके लिए मैंने अपना खून दिया
वो भी पूछेगा मेरी जाति?
पूँजीवाद सबको नीचे गिराता है
हर आदमी पहले से कम आदमी।

घाटशिला

सोचा था बसूँगा यहीं स्वर्णरेखा के तट पर
घाटशिला की तप्त शिला से सट कर
और मुरम के लोहित पथ पर
आदि जनों के संग शाल पलाश वनों में
घन गम्भीर घिरेंगे

पर सब खतम हो गया
मर गया सुग्गा उडते उड़ते नभ में–
जाना था अजर अमर जिन्हें
पर्वत नदियाँ वन और जन
        सब खतम

एक ठनका गिरा
और भाई मेरा खड़ा खड़ा राख बन गया
गल गया पूरा टोला तिल तिल
और उधर सोने के गुल्लों से भरती गयीं तिजोरियाँ

यह कैसा विकास है कैसी प्रगति
जो माँगती है अपने खप्पर में मेरा लहू
और मस्तक पर बच्चों की देह का भस्म

दूर उस पारस पहाड़ी पर झूमते हैं झंझा में वन–
चट्टान पर सोया आदिवासी बच्चा फेंकता है दोनों पैर ऊपर
बिजलियों को सोखने को उद्यत मेरा तड़ित चालक भविष्य का

उठो उठो मेरे जन उड़ो उड़ो मेरे पर्वतो
बचाओ इस साखू के फूल इस सृष्टि को बचाओ

लाल मुरम के पथ–वृन्त पर वो किशोरी हँस रही है
केश में खोंसे पीला फूल

देश

जब कभी देश के बारे में सोचता हूँ तो
अपने घर के बारे में सोचने लगता हूँ

जैसे मेरा घर है तो यहाँ जो भी है सब को
एक सा भोजन चाहिए और पानी और बिस्तर
चूहे को भी जो भीतर बिल में है कुछ चाहिए
बिल्ली का भी हक बनता है रसोई में
और कौओं को भी हाथ की रोटी का आसरा है
गौरैयों को भी खुद्दी दाना
ऐन खाते वक्त कुत्ता आ जाता है
पूँछ डुलाता

कहने को यह घर हमारा है पर उतना ही यह
मक्खियों मच्छरों चींटियों तिलचट्टों का भी है
जिनको बेदखल करते करते थक गया हूँ
यहाँ तक कि चावल में भी वास है कीरी का

कोई भी जीवन अकेला इकहरा एकरंगा नहीं होता
एक पेड़ भी महानगर है,
अगर सूर्य का मण्डल है ब्रह्माण्ड में
तो मेरा भी छोटा बहुत छोटा,
इसी तरह देश है एक घर
बहुत से आँगनों का एक घर, कुटुम्ब, एक लोक

किसने किया बाहर? कहाँ मेरा भाई महाराज सन्तोषी?
कहाँ अग्निशेखर?
किसने मारा मेरे लाल जुनैद को?

आज इस घर में चूल्हा नहीं जुड़ेगा!

सबसे जरूरी सवाल

सबसे जरूरी सवाल यही है मेरे लिए कि
क्या हमारे बच्चों को भर पेट दूध मिल रहा है
सबसे जरूरी सवाल यही है कि
क्या प्रसूति माँओं को मिल रहा है हल्दी छुहारे का हलवा
और दादा दादी को हर रात दूध में रोटी?

सबसे जरूरी सवाल यही है मेरे लिए कि
हमारे नौजवान काम से लौटते थके तो नहीं ज्यादा
और रात को सोये तो ठीक से?
क्या हर बीमार के सिरहाने रक्खा है अनार
और हर बीमार को वही इलाज जो देश के प्रधान को?

सबसे जरूरी सवाल यही है मेरे लिए कि इतने लोग
भादों की रात में भीग क्यों रहे हैं
कहाँ गये वे लोग इन बस्तियों को छोड़ कर
हमारी गौवें कूड़े की ढेर में क्यों खड़ी हैं मेरी माँ
किसने फेंका मेरी माँ को घर से बाहर?

जिस देश में भूखें हों बच्चे, माँएँ और गौवें
उस देश को धरती पर रहने का हक नहीं।

सात दोस्त

सात दोस्त बहुत दिन बाद मिले
घर परिवार बाल बच्चों का हाल समाचार हुआ
फिर एक ने कौर उठाते हुए कहा,
हमारे दफ्तर में दस साल से एक भी बहाली नहीं हुई
दूसरे ने कहा, हमारे यहाँ तो कुछ हुई पर पेंशन नहीं है
इस पर तीसरा बोला, हमारे यहाँ ठीका पर चलता है
चौथे ने बताया, इधर तो दिहाड़ी है
पाँचवाँ बोला, हमारे कारखाने में पाली पर लेते हैं एक दिन बीच
छठा खाते खाते बोला, हमारे तो काम के घण्टे बढ़ गये
छुट्टियाँ घट गयीं, नागा होने पर पगार कटती है
सातवें ने गहरी साँस ली, हमारा तो काम ही छूट गया दोस्त

माननीय के नाम सन्देश

माननीय,
आज इस ऐतिहासिक प्राचीर से
मैं, भारत का एक नागरिक
स्वाधीनता दिवस की पूर्व वेला में
आपको सम्बोधित कर रहा हूँ
और आपसे पाँच प्रश्न करता हूँ–

पहला, आपका खर्चा कौन चलाता है?
दूसरा, कौन सी शक्ति है आपके पास?
तीसरा, यह शक्ति आपको कहाँ से आती है?
चौथा, आप यह शक्ति किसके हित में प्रयोग करते हैं
और पाँचवाँ, आपकी अन्तिम इच्छा क्या है?
जय हिन्द!

एक लोकप्रिय सरकार के सात दिन

पहले ही दिन सरकार ने आँगनबाड़ी सेविकाओं पर
          लाठियाँ भाँजीं
दूसरे दिन वृद्धावस्था पेंशन प्रदर्शन पर पानी के फौव्वारे
तीसरे दिन छँटनीग्रस्त शिक्षामित्रों के धरने पर कुत्ते छोड़े
चौथे दिन उजड़े झोंपड़वासियों पर घोड़े दौड़ाए
पाँचवें दिन बेरोजगारों के जुलूस को जीपों से रौंदा
छठे दिन मूक–बधिर–नेत्रहीनों पर आँसू गैस के गोले ठोंके
सातवें दिन बालिकाहत्या का विरोध करती औरतों पर गोलियाँ
दागीं
और सात को मौके पर ढेर किया

सबने स्वर से गाया
          ऐसी लोकप्रिय न्यायप्रिय
          देवानाम प्रिय प्रियदर्शी सरकार
          धम्माशोक बाद कभी नहीं आयी
                    कभी नहीं
                    नहीं!

मुश्किल

बहुत मुश्किल दौर है, कहा ट्रंप ने
दुनिया मेरी बात नहीं मानती।

बहुत मुश्किल है, कहा चूल्हा जलाती स्त्री ने
गैस का दाम रोज चढ़ रहा है।

बहुत मुश्किल जमाना है, कहा शरणार्थियों ने
शरण मुश्किल, भीख दुर्लभ।

घोर कलयुग, सन्त बोले
विष्ठा है हर पूँछ के नीचे।

बहुत मुश्किल निर्णय, कहा न्यायालय ने
हर साँस में हिंसा है।

खदान मजदूरों ने कहा, बहुत मुश्किल है जिन्दगी
कहा लकड़हारों ने, कहा नौजवानों ने
रोजी कम, छँटनी, हमले, हत्या, मौतें

बहुत मुश्किल दौर है, बोला प्रधान
लोग बोलने लगे हैं।

मुश्किल ये है कि हल होगी कोई एक ही मुश्किल
तै करो कौन सी मुश्किल तुम्हारी है।

किस वतन के लोग

1. कहाँ

अन्तिम सन्दूक लिए
आखरी ढोर डांगर लिए
एक पाँव में चप्पल डाले
नंगे पाँव खाली देह लिए
ये कौन हैं, कौन लोग, ये कौन?
कहाँ जा रहे हैं इतने पाँव–
बंगलुरू से मुम्बई बागडोगरा
दिल्ली अनन्तनाग अबूझमाड़ दरभंगा से
अपने ही घर अपनी ही रसोई से–
ये किस देश किस वतन के लोग हैं?
कहाँ है इनका राष्ट्र इनकी भूमि?

हम जो चाहते थे सारी दुनिया को घर बनाना
आज अपना चूल्हा उठाये
भाग रहे यहाँ से वहाँ–
कहाँ हो मेरी माँ मेरी मातृभूमि?

2. लोकपाल

उसको सलाम
उस रिक्शेवाले को सलाम
जो कल मेरा छूटा थैला दे गया घर पर,
उस कूड़ा बीनते बच्चे की जै
जिसने बम देखा फटने से पहले;

उस मिस्त्री मजदूर को वन्दे
जिसने कहा, आप दस टका ज्यादा दे रहे हैं सर;
उस बाई को नमन जिसने गिरी अँगूठी
ढूँढ़कर दी आज प्रातः;
उन दो नौजवानों को प्रणाम
जो बारिश में भीगते
ढँक रहे हैं पत्थर से सड़क का मैनहोल

ये ही मेरे लोग मेरे लोक मेरे लोकपाल
मेरे नगपति के भव्य भाल।

3. न्याय

अगले जनम में मिलेगा तुम्हें भी वह सब

किन्तु मैं तो कई जन्मों से अगले जन्म की
राह देख रहा हूँ, देव
कई जन्मों से इतना ही कंगाल
बूढ़े बाप बीमार बच्चों के साथ
और हर बार तुमने यही कहा अगले जनम में

और हर जन्म में मैंने देखा जो अमीर थे
और भी अमीर हुए
पिछले जन्म का घोड़ा इस जन्म में
इम्पाला

चाहे कोई भी जनम हो
धान से धान होगा कोदों से कोदों।

4. उधर

जब कभी मन्दिरों के पास देखता
भिखारियों का झुण्ड
या झोंपड़ों में गुरबों के ढूह

लगता कल वह भी तो
इन्हीं में से एक हो सकता है

बस आज रात तक रोटी है उसके पास
बस आज दिन का किराया घर का

अचानक कल अगर कोई रोक ले पगार
अचानक कल छूट जाये काम
एक नट के ढीला पड़ते
उलट जायेगी यह तेज रफ्तार गाड़ी

जीवन टिका है बस एक चूड़ी के छोर पर।

खाने की बात

जब शाम को करने को कोई बात न रही
तो हमने इस पर बात की कि अमीर लोग
खाते क्या हैं
एक जमींदार जिसका हमारे इलाके में बड़ा इकबाल था
और जो हाथी पर चलता था रोज रात भूँजा खाकर सोता था
एक और था बड़ा जोतदार जो सुबह सुबह सत्तू पीता था
नमक डालकर
एक बहुत बड़ा अमीर था इस देश का जो केवल जौ के यूष
पर जिया
एक उद्योगपति सूखी रोटी और साग खाता
और एक उदार प्रधान सेब का एकाध कतरा
और एक धनिक व्योपारी की साध्वी पत्नी छेने का पानी
एक ऐसा भी धनवान हुआ जो प्रायः उपवास करता और
कहता–
आदमी भूख से नहीं खाने से मरता है

द्वारिका ने शर्त बदी देश का सबसे अमीर आदमी
हवा पीकर रहता है
और ट्रंप तो हवा भी कभी कभी ही

इतनी सारी कथाएँ सुनकर हमें बड़ी निराशा भई
इससे तो अच्छा हम गरीब ही रह लें
और इस तरह गरीबी रेखा और नीचे गिर गयी।

शोकगीत

1. एक विजेता का शोकगीत

सारे दुर्गों को फतह करके आया तो देखा
अपना ही घर ढहा हुआ
अँधेरा
और किवाड़ बन्द

याद भी नहीं कितने महीने बीत गये
जो पहने गया वही पहने लौटा
बस रात को उतारता लोहे का टोप और देह से भी भारी कवच
कितने नगर कितनी बस्तियाँ, जो भी रास्ते में पड़ा
वो ढेला था मिट्टी का
जिस पर भी वार करता उसे देखता नहीं
बस तेग घूमती
पर एक बार एक मस्तक गिरने के ठीक पहले वो आँख
मेरी दीठ में गड़ गयी

यह क्या था जो मुझे हाँके लिए जा रहा था
यह कारीगरी भी नहीं थी चिक की
न वध का अनुष्ठान
बस एक हवस
कभी लगा ही नहीं कि मैं भी गिर सकता हूँ
कि मेरी भी गरदन वैसी ही खोखली है

फर्क बस यही कि मेरा हाथ तलवार की मूठ पर है
और पीठ पर हजार घुड़सवार

जब थक गये बचे खुचे सैनिक जब इतने भी घोड़े बचे नहीं
कि ढो सकें जीत की सौगातें तब हम मुड़े और तब लगा
धुन्ध में सरकते पहाड़ों को देख कि हम बहुत दूर बढ़ आये हैं घर से
और तब बस इतना ही रुके कि घोड़े दम भर सकें
बस दौड़ते रहे रात को दिन से मिलाते
एक लहर थी खून की दिल के पास जो ठेले जा रही थी
परबतों के उस पार
उस सुरीली नदी के तट पर

कहाँ गयीं वो? किसके साथ? कब?
और बेटी?
पैर बदल रहे थे जेवरात से लदे घोड़े

जैसे काढ़ लिया हो किसी ने आँख का कोआ और रह गया
    कोटर खाली
    ऐसा ही था घर

    धीरे–धीरे सरक कर करीब आयी रियाया, आगे वो बाँदी
    जो जनमी थी मेरे साथ
    जिसकी माँ का मैंने दूध पिया था
    मैं न बैठ सकता था न उतर
    घुमाया घोड़ा और दौड़ पड़ा वापस जिधर से आया था
    उन्हीं जलती बस्तियों मुर्दों तबाहियों की तरफ

2. एक ग्रामदेवी का शोकगीत

सात रात से वह रो रही है ग्राम के बाहर वन में
सात रात से

लौटेगी नहीं अब, छोड़ आयी है अपना आदिवास
जब से उन्होंने पहला चूल्हा जोड़ा तब से वही रही जागती
कि सब सो सकें उसकी गोद में निडर
और उन्होंने अर्पित किये देवी को पहले फल पहली बालियाँ
सब शिशु अर्पित माँ को

अब और नहीं
रोज रात उठती है कुमारियों की चीत्कार हत्या लूट
शटकार का अट्टहास
और मृत बच्चों को गोद में लिए माँओं का रुदन
जो बोले उसकी जीभ जमीन पर

एक रात वह धीरे से उठी और गलियों से होती
निकल आयी बाहर
लगा कोई आ रहा पीछे
कौन? वीरवर?
नहीं, कोई नहीं।

3. एक गुल्लक का शोकगीत

बन्द हवा अन्दर अकेले घुट रही है
महीनों से कोई खनक झंकार नहीं
एक खुली आँख ताकती रहती है एकटक

दो जर्जर उँगलियाँ छोड़ती थीं बड़ा सिक्का
दो नन्ही उँगलियाँ देर तक पकड़े गिरातीं ताम्र सिक्का
और सुनती थीं हिलाकर

इतने तरह के सिक्के—मुँहदेखाई के, आरती के गल्ले के
भीख के, रास्ते में गिरे पाये सिक्के नये पुराने कुछ खोटे भी

मैं ही रहा राजकोष घर का अन्तिम आसरा
धीरे–धीरे भारी होता–
रह गया साल भर टिका तो दीवाली को फूट
झंकार बिखराता
और फिर हाथों की चुहलभरी छीनाझपटी

इतना जमा? कुछ ठोस ले लें इस बार
कुछ काम की चीज
और घर में पहली बार टॉर्च आया
कोने में रौशनी का दौंगरा ऐसा गिरा कि
धूल की आँख चुँधियायी

थक गया हूँ
थक गया मैं टूटता अपने अकेले वास से
किन ग्रहों की चाल वक्री बदलती है भाग्य
मिट्टी की अलक्षित पुतलियों का?

4. एक रूमाल का शोकगीत

चाहे जितना भी कोमल हो रेशम शहतूत का
चाहे कितनी भी महीन नक्काशी काम जरी का
मैं तो बस एक रूमाल हूँ और अब मेरा काम है
पोंछना नाक का नेटा

एक वो भी जमाना था जब
प्रेमियों के नाम कढ़े होते नाम का पहला अक्षर
एक फूल दो पत्ते सिक्त से सिक्त

जब मैं एक हाथ से आहिस्ते दूसरे में जाता और
एक मासूम सी चूक भी बन जाती मौत का सबब
वे रानियाँ याद हैं मुझे, वो हथेलियाँ बार बार भिंचति

वे कुमारियाँ जिनकी आँखों में इतने आँसू थे
वे कारीगर जिनके लिए मैं सबसे कीमती कृति था

मैं अकेला आभरण जो जानता है धारक का जीवन
अन्तरतम—
खून का पहला छींटा

कविता–2013

वे मारे गये
कहीं कोई खून नहीं
वे मारे गये
कहीं कोई चिह्न नहीं
वे मारे गये पर कोई हत्यारा नहीं

वे हवा से आये थे वे हवा बन गये
वे उठे थे जल से जल बन गये
वे बुदबुदे थे मिट्टी के मिट्टी बन गये
उन्हें घरों से खींचा गया खेतों से खदेड़ा गया
उन्हें नींद में मारा गया
एक बस्ती बसी थी उजड़े मजदूरों से
वो गाँव फिर से उजाड़ा गया
बची रह गयीं धुएँ से स्याह ईंटें कुछ पुआल कुछ खूँटें
पर एक बूँद खून नहीं

कौन बनेगा अगला पीएम लगा लो सट्टा
काटेगा कौन गँडासा या कट्टा

कहाँ गये वे जो कल यहाँ अपनी चौखट पर बैठे थे
कहाँ गयीं वो जिनकी साँस आग सुलगा रही थी
कहाँ गये वे जो धूल में खेल रहे थे
फैसला सुनाते सुनाते उठता है न्यायाधीश

यह उसके लंच का वक्त है
उसे अपनी रखैल से मिलना है
छह बजकर दस मिनट पर
जल्द करो जल्दी, नहीं है एक भी गवाह
जल्दी, नहीं है कोई भी सबूत
वे मारे गये वे कल थे आज नहीं हैं वे मारे गये
वे पोंछ दिये गये धरती से
जो भी उठा और बोला
जंगलों खेत खलिहान पहाड़ों से
हमें कुछ नहीं चाहिए
हमें छोड़ दो ऐसे ही जंगल जमीन पर
हमारी झोंपड़ी हमारा यह मिट्‌टी का घर हमारा आसरा
लेकिन एक तूफान है जो चला आ रहा है
सात समन्दर लाँघता
एक आग जो फैल रही है जंगल जंगल
जो तुम्हारे लिए धरती माता है
वह उसके लिए सोना है यूरेनियम
वे इस तरह उठाते हैं हमें जैसे
कूड़ागाड़ी उठाती है कचरा
और उस गड्ढ में फेंकते हैं जहाँ
बनेगा मुल्क का सबसे बड़ा मॉल

कहाँ हो स्पार्टकस कहाँ प्रमथ्यु
कहाँ लक्ष्मीबाई भगत सिंह कहाँ

कौन कहता है गुलामी खतम हो गयी
कौन कहता है यहाँ जनतन्त्र है
मैं ढूँढ़ रहा हूँ अपना बच्चा बच्चे की लाश
आखिरी दफा उसका मुँह देखना चाहता हूँ
गाँव गाँव से लद कर किशोर भाग रहे हैं

नगर महानगर
हर बार इस सभ्यता को चाहिए नये खून की खुराक
खाली हो रहे हैं जंगल जंगल
हर शहर हर बस्ती के पास एक शरणार्थी शिविर
आज इस पूस की रात वह ठण्ड से काँप रही है
अपनी देह के अन्तिम ताप से बच्चे को सेंकती
जिसने देह पर झेले जिन्दगी के अस्सी वार
वह ताप रहा है बुझता अलाव
बोलना आसान है देवयानी के पक्ष में
इस गरीब के पक्ष में तो बोल कर देखो
बोलना आसान है ओबामा के खिलाफ
इस जमीन्दार ठेकेदार इजारेदार के खिलाफ
जबान तो खोलो

कहीं कोई खून नहीं नहीं कहीं कोई निशान नहीं
हत्या तो हुई पर कोई हत्यारा नहीं

ऐसे ही दौड़ते चढ़े थे कामगार शीत प्रासाद पर
ऐसे ही बढ़ते चले आये थे किसान वर्जित नगर तक
ऐसे ही उठे थे बाँकुड़े वियत वनों में
ऐसे ही ज्वार से उठे गेवारा और कास्त्रो
हम जीते भी हम हारे भी
जीते कम हारे ज्यादा
हम हारने से नहीं डरते
डरते हैं चुप बैठने से
जरूरी है लड़ना और खड़े रहना दूब सा जैसे क्यूबा
पूछो बहुराष्ट्रीय कम्पनियों से पूछो
पूछो निजीकरण भूमण्डलीकरण के खैरख्वाहों से पूछो
कहाँ है इस पृथ्वी पर वह देश
जहाँ एक भी विज्ञापन नहीं

धरती–आकाश के बीच
जहाँ आदमी बस इस तरह रहता है जैसे अपने घर में
बूढ़ों के पाँव दबाता बच्चों को धूप में नहलाता
कहाँ है पृथ्वी पर वह देश
पूछो उनसे जो हाथ में झाड़ू लिए घूम रहे हैं
राजपथों पर
पूछो पूँजीवाद से बड़ा कूड़ा
और क्या है माँ–पृथ्वी पर
दुनिया को साफ करने के लिए एक मेहतर नहीं
हाथ चाहिए करोड़ों करोड़
जहाँ आदमी फेंक दिया जाता है रात के जूठन की तरह
जहाँ बिक रही है स्वर्णरेखा जहाँ बिक रहा सुमेरु
जहाँ बिक रहे तीर्थों के जल और दर्शन की पंक्तियाँ
        चाहिए ऐसा महात्मा जो खुद भी ओढ़े
        और सबको ओढ़ाये
जो खुद उपवास पर है वह दूसरों को अन्न क्या देगा
और यह सारी लड़ाई अन्न की लड़ाई थी
यह लड़ाई थी धान के खेतों और बालियों की लड़ाई
भरे थे अन्न से कोठार गोदाम और मण्डियाँ
और भूखे थे जन
वे मारे गये वे बस धरती से पोंछ दिये गये
किसने पूछा उनका नाम उनका पता
कहाँ थे चैनेल कहाँ थे अखबार और प्रवक्ता

साठ की उम्र में पैसे और सत्ता के जोम में
मुझे लगती है वो किशोरी बस एक रात की खुराक
वे सब मेरी खुराक वे सब जो गरीब मजबूर
छह मुँह दस माथे और सहस्र बाँहों वाला मैं

कितना वीभत्स है इन वृद्धों का यौन नृत्य
कौन है अगला पी एम कौन कृत्य या भृत्य

उठो
चलो उठो मेरे गुइयाँ उठो मेरे साथी उठो

वे जो मारे गये तुम्हें पुकार रहे हैं
वे हर दरवाजा पीट रहे हैं
वे खड़े हैं उस ओर
देखो वे रात में जगमग

जो जीवित हैं वे वंशज हैं मृतकों के।

प्रलय

यह तुम क्या कर रही हो
मैं अभी से चावल दाल जमा कर रही हूँ
थोड़ा नमक
लगता है घनघोर बारिश होगी
लगता है लड़ाई होगी
बोलते बोलते वह चली गयी दूर अँधेरे में
बस उसकी आवाज आती रही
जैसे अँधेरी रात में बिजली चमकती है
और एक पल को नींद से जगती है धरती
ज्यों किसी ने खींच दी हो देह से चादर

उस रात लगातार चमकती रहीं बिजलियाँ
पूरा आसमान बेंतों के नीले निशान से विक्षत
इतने सुखाड़ इतने रौद्र घाम के बाद
बिरवों के घास बन जाने के बाद
रक्त का जल भाप बन जाने के बाद
चमकीं बिजलियाँ
और फिर धारासार वर्षा जो शुरू हुई शनि की शाम
लगातार गिरता रहा पानी
तुमने ठीक कहा था बारिश होगी
पहाड़ी नदियाँ लाल हो जायेंगी—कहती है दया नहीं
मुर्दों के टीलों पर शिलालेख अमर

चाहे कितना भी मातम हो
हर साल आम में मोंजर आते हैं
टिकोले करते हैं इन्तजार उन बच्चों का जो ढेला उठायेंगे
वे बच्चे नहीं आते वे गुम हो गये
इस बार मैं अपने गाँव जाऊँगा
धान के खेतों से मुँदा रास्ता आँख का कोआ
अभी भी मुझे जगाता है नींद से
नहर के किनारे–किनारे एक पतली सी सड़क कुछ टूटी
वहाँ न अपना कोई खेत है न पेड़ पात
न कोई घर फिर कैसा गाँव कैसा देश
एक घर था कभी मिट्टी का
हर घर की इच्छा है मिट्टी बन जाना
पता नहीं किस हाल में होगा वह घर
पता नहीं किसका ताला दरवाजे पर
कोई नहीं रहता यहाँ कहा किसी औरत ने एक दरवाजे से
झाँक कर
कोई पहचानता नहीं मुझे
मैं कोई शहरी कोई अनजान बाहरी
घर पहचानता है रहनवार को
घर को सबसे प्रिय है शाम की बत्ती
और सुबह की धूल–
इसी जगह को लेकर
दो खून हुए इस साल कहता है एक बूढ़ा चरवाहा
ऐसा क्यों लग रहा है कि मेरा घर सीमा पर है
और मैं हर आवाज पर बाहर आ जाता हूँ कमीज के बटन
लगाता
बज रहे हैं ढोल नगाड़े
रात्रि जागरण अखण्ड जैकारे
पूरा देश वधस्थल की ओर जा रहा है
तुम क्या करोगी घर में बैठकर
मेरा तो यही वधस्थल कहा उसने

और भंसार में चली गयी
लगता है लड़ाई होगी

तुमने आधार बनवा लिया?
मैं भी दसों उँगलियों के छापे दे आया
परदे पर आँख की पुतली की छाप
जरूरी है पहचानपत्र
इसके बिना न घर में रह सकते न बाहर
कहीं जा भी नहीं सकते भागकर
न राशन न पानी न गैस न दवा न सफर न सराय
न बैल न गाय (जहाँ न जाय रवि वहाँ भी आधार छवि)
इसी के खिलाफ इसी छापे आइकार्ड के खिलाफ
गाँधी ने (कौन एम.के?) शुरू किया था अफ्रीका में संघर्ष
गाँधी का नाम मत लो
गाँधी तो अब एक झाड़ू का नाम है
नोट रुपइये पर आश्रम है धाम है
कब की सूख चुकी साबरमती
सब पोपले हो चुके हैं
झड़ चुके हैं उनके दाँत
(दाँतों का पहला काम काटना था आदिम युग में)
पर उनसे मुझे कुछ नहीं कहना
मैं तो पूछ रहा हूँ उनसे जो हर बार खाने के बाद
जतन से धोते हैं अपने दाँत अगले भोज की प्रत्याशा में

तभी किसी ने पर्चा थमाया
पूरी हिदायत है पक्की सूची
क्या करना क्या न करना
क्या खाना क्या न खाना
सोते वक्त सिर किधर
क्या पहनना कितना पहनना
ऐसे रहो जैसे पूरा षरीर जला हो

क्या बोलना क्या सोचना
घर से निकलते कौन पैर पहले उठाना
(सावधानी हटी दुर्घटना घटी)
जो कहें वो करो
करो या मरो
दिल्ली दूर नहीं
हर घर है दिल्ली के घेरे में
हर घर प्रक्षेपास्त्र के घेरे में

कहाँ जा रही है यह भीड़
किसका बुलावा है किसका भण्डारा
इतने लोग कभी नहीं देखे एक साथ सड़क पर
वो बच्ची एक पाँव की टूटी चप्पल ठीक कर रही है झुकी
कहाँ जा रहे हैं ये लोग
किसके घर बधावा किसके...दर मातम
कितनी लाशें आयीं शहर में इस बार
युद्ध सिर्फ वही नहीं होता जो मोर्चे पर होता है
युद्ध लगातार चल रहा है हर घर हर जीवन में
    कत्ल कर देना मुझ पर रहम करो
    मेरे खाँसते बच्चे को पी लेने दो शीरा
    मेरी बेटी की मशहरी गिराने दो
हर जगह मृत्यु का अनुष्ठान करने वाले सबसे गरीब लोग क्यों हैं
त्यज्य अन्त्यज उच्छिष्ट
वो मुअज्जिन वो बेवा का बेटा
वो पुरोहित अनाथाश्रम से लापता
रात भर तीन ही लोग जागते हैं—वर वधू और पुरोहित
तुम कभी किसी इसाई मुसलमान हिन्दू या पारसी की शादी में
गयी हो कभी किसी मैय्यत में

उस लड़की का फिर कुछ सुनने में नहीं आया जो
एक आदमी का खून कर

नकाब लगाये निकल गयी थी एक मकान से
वे सारे लोग कहाँ चले जाते हैं
एक हत्या वारदात एक खबर के बाद
जेलें कम पड़ रही हैं
योजना है कि हर मुहल्ले में एक पक्का जेलखाना हो
आशा है अगले अगस्त तक यह संकल्प अवश्य पूरा होगा
लड़ाइयाँ इतनी होंगी कि हर व्यक्ति एक राष्ट्र होगा
सब अपने अपने तलवे की भूमि पर अडिग
हर व्यक्ति का अपना ध्वज हर जाति का अपना कवि–
खून होगा
एक मूली के नाम पर
खून होगा किसी के सामने खाँसने पर
जम्हाई देशद्रोह रोना देशद्रोह
खून होगा एक निवाले पर
डूबेगा देश गंगा के चुल्लू भर
माँ मेरी गंगा
बहुत दोष हैं मुझमें पर सन्तोष है यही कि
हम तुम्हारे पड़ोस में हैं
यही अपराध है माँ क्षमा करो
कि हमने तुम्हारा स्पर्श किया पैर से

जब पवित्रता के लिए स्थान न बचे
जब कठिन हो जाये ईमान से जीना
तब मुझे बचाना मेरी माँ
मैं बार–बार आऊँगा धधकती चिता से उठकर
ओ धवल केशों वाली माँ
तुमसे पुरातन कुछ भी नहीं मेरी माँ
तुम्हारी ही गोद में सो रहे हैं मेरे पितर
उन्हें अतीतभक्षियों से बचाना मेरी माँ

अगर यह गाँव आज खाली है

तो शहर कहीं भर गये होंगे
एक किशोर रिक्शावान पानी में भीगता खींचे जा रहा सवारी
चिड़िया की छाती वाला किशोर
एक लड़की जिसकी देह ने अभी–अभी
छोड़ी है बाढ़
माँज रही है कितने घर के जूठे बर्तन
हर साल नया खून चाहिए इस शहर को
हर साल इस कारगिल को नया ऑक्सीजन
और फिर हम घूरा बन जाते हैं
फिर हम पोंछना बन जाते हैं
शहर के नालों में दफन
एक जैसे ही तो हैं हमारे हाथ पाँव हमारे शरीर
वो मालिक हम दास बन जाते हैं
वो देह हम साँस
कभी आराग नहीं
आराम कभी था भी नहीं
जो था भी वो भी लगता है खतम हो गया
पता नहीं क्यों अचानक इतनी बेचैनी
कहीं भी बैठूँ वो जगह तपने लगती है
इतना अनिश्चय इतना भय
कहीं भी चैन नहीं जैसे तप्त रेत पर चल रहा हूँ
मैं एक क्षण में नहीं सम्पूर्ण काल में जीना चाहता हूँ
भविष्य इस तरह मेरे साथ हो जैसे पीठ पर खेलता बच्चा
अतीत इस तरह मेरे साथ जैसे माथे पर पके बाल
सबसे सुन्दर संसार है वो जहाँ भूत का भय नहीं न भविश्य का
आज सोकर कल जगूँ ओस से सिक्त

कोई भागता है लूटकर सोये भिखारी का कटोरा
एक भिक्षु का चीवर
एक अन्धे को रास्ता दिखाने के बहाने
छीनकर भागता है उसकी छड़ी

बाढ़ का पानी नदियों से होकर
पोखरों नालों नलियों तक फैलता है
कटोरों प्यालों रक्त तक में
जब लुटने लगें वेश्याएँ यतीम बूढ़े अपंग
तब समझो आ गया प्रलय का दिन
प्रलय परतन्त्रता फासिज्म
सबकी जेब से पैसे खींचता जन धन
मैं चन्द्रमा की तरह लगातार घिसता जा रहा हूँ
चन्द्रमा की तरह लगातार बढ़ता जा रहा हूँ
मुझे खुद नहीं पता मैं असल में क्या हूँ
ऐसा अनिश्चय ऐसी बेचैनी
आकाश की पीठ पर तारों की घमौरियाँ
सब चले जा रहे एक एक कर
इस शहर को छोड़ कर
जिसे जहाँ ठौर मिला
जिसे जहाँ कौर मिला
पर जायेंगे कहाँ वे वृक्ष इतने नीड़ लिए
कहाँ जायेंगी वे बिल्लियाँ इन छप्परों को छोड़कर
कुत्ते भी इन्हीं घरों पर देह मोड़ सोयेंगे
नीचे धाह ऊपर शीत

अभी तो कार्यनीति यही है
कि गणना ऐसी बिठानी है
कि किसमें किसको जोड़ दें
कि योगफल हर बार सत्ता हो
मेरा तो मानना है अध्यक्ष जी
कि जाति एक दुधारू नहीं दुधारी तलवार है
और विभाजन असमाप्त कार्यक्रम
इसमें किसी भ्रम का प्रश्न नहीं
सात पुश्त बैठे खायेगा

मैं सीवान के देहात से बोल रही हूँ
मेरे पति को खाड़ी गये तीन साल हो गये
कोई खबर नहीं
मैं भोजपुर के एक गाँव से बोल रही हूँ
मेरे बबुआ को काम पर गये डेढ़ साल हो गये
कोई सन्देश नहीं
मैं खगड़िया के एक गाँव से बोल रही हूँ
इतना तो जानती हूँ कि वो इस दुनिया में नहीं हैं
लेकिन उनकी मट्टी

1,250,000,000 के देश में अगर 1,25,013
गुम भी हों तो क्या फर्क पड़ता है
फर्क तब पड़ता है जब तुम उसमें से किसी भी एक के घर
जाते हो
फूटी हाँड़ी की तरह घर
ग्रहण के दिन की तरह घर
तब लगता है जीवन मतलब एक एक जीवन तन तन तृण तृण
तब लगता है हर शहादत अन्ततः एक मौत होती है
एक उजाड़
भयंकर है वो गह्वर जहाँ कल तक एक वृक्ष था

बताना कहीं कोई खाली मिले तो बताना
दाई का काम खोजती उस युवती ने अपनी सखी से कहा
कुछ भी मिल जाये तो कर लूँगा
कुछ भी अरुन बाबू
कहा रास्ता रोककर उस अधेड़ मजदूर ने
आपने मेरे अब्बू को देखा है
कल शाम से घर नहीं आये
इतना डर क्यों लग रहा है
इतनी रात ऐसा सन्नाटा दूर कहीं अजीब हूल चीत्कार
पक्षी पेड़ों से सटे

धूर थम निस्संग
एक झड़ता पत्ता भी भारी हवा को
एक अजीब भयानक सपना था वो
रात का या दिन का याद नहीं या कोई स्मृति
एक चील के मुँह में साँप
साँप के मुँह में मेंढ़क
मेंढ़क के मुँह में एक कीट
उड़ी जा रही चील नीले स्वच्छ गगन में
नीचे पानी केवल पानी पानी पानी
कहीं नहीं धरती न रेत न हिमालय
प्रलय प्रलय प्रलय

□□